Minutos de RIQUEZA

Minutos de RIQUEZA

Lilian Massena Gallagher

Rai
EDITORA

Titulo original: Minutos de Riqueza

Coordenação editorial
Mayara Enohata

Revisão
Ana Cristina

Assistência editorial
Deborah Reis

Projeto gráfico, capa e diagramação
Sidney Guerra

Ilustração de capa
Istockphoto

Assessoria editorial e de artes
Patricia Nascimento

CIP-BRASIL. CATALOGAÇÃO-NA-FONTE
SINDICATO NACIONAL DOS EDITORES DE LIVROS, RJ

G159m Gallagher, Lilian
Minutos de riqueza / Lilian Massena Gallagher. - São Paulo : Rai, 2010.

ISBN 978-85-63672-27-8

1. Finanças pessoais. 2. Riqueza. 3. Sucesso. I. Título.

10-5741. CDD: 332.024
CDU: 330.567.2

05.11.10 05.11.10 022414

Direito de edição

RAI EDITORA
Avenida Iraí, 143 – conj. 61
Moema
04082-000 – São Paulo – SP
Tel: 11- 2384-5434
www.raieditora.com.br
contato@raieditora.com.br

Aos meus clientes,
que contribuíram, sem saber,
para a redação destes verbetes.

Introdução

Este livro reúne dicas de investimento e negócios e reflete o conhecimento adquirido em quase duas décadas de experiência lidando com o dinheiro de clientes. Gostaria de compartilhá-lo com você, leitor, que busca o desenvolvimento pessoal e financeiro, a fim de desfrutar os prazeres que essa conquista pode proporcionar.

A seguir, você terá 252 dicas, uma para cada dia útil do ano. Mas fique à vontade para também abrir o livro aleatoriamente, numa página qualquer, e obter um novo aprendizado em momentos de inspiração.

Após a leitura de cada verbete, reflita sobre o que leu e permita que a informação faça parte do seu dia. A leitura, a assimilação e a prática desses ensinamentos certamente contribuirão para que você se torne uma pessoa de sucesso financeiro e pessoal.

Lilian Gallagher

Agradecimentos

Este livro não teria sido possível sem um trabalho de equipe. Ao ganharem forma escrita, minhas ideias tiveram o copidesque cuidadoso e carinhoso de Valéria Martins e o forte incentivo de diversos amigos, dentre eles, Fátima Aragão. Na reta final, não posso deixar de agradecer ao Mario Jorge Monteiro Dias da Rocha, que fez comentários sempre pertinentes. A eles, à Michelle Moreira, minha assistente, e ao amor das minhas queridas filhas, Ada e Iris, o meu sincero agradecimento.

1.
Você é composto de corpo, mente e espírito.

A parte espiritual é, certamente, muito importante. Mas sem dinheiro você não vive. Por isso, dedique um tempo diariamente para cuidar das suas finanças pessoais.

2.
Defina seu projeto de vida.

Por mais difícil que seja, defina seu projeto de vida. Procure vislumbrar de forma clara como pretende que seja sua vida. O futuro é consequência de uma ação no presente. Por isso, defina a direção na qual vai caminhar. Quem anda em círculos não chega a lugar algum.

3.

"Leva-se 20 anos para construir uma reputação e cinco minutos para destruí-la."

Warren Buffet

Antes de tomar uma decisão que pode afetar você ou sua empresa, pense bem. A construção da imagem é algo muito demorado; já sua destruição é coisa de minutos.

4.
Visualize a riqueza e ela virá.

Tudo na vida vem de dentro para fora. Quem visualiza pobreza é pobre. Quem visualiza riqueza fica rico. Por isso, mantenha seus pensamentos conectados com a riqueza. Esse é um passo fundamental para alcançá-la.

5.
Você é como uma árvore; nasceu para crescer e dar frutos, flores e sombra.

Não fique aí parado. Todos nascemos com uma missão. Devemos nos esforçar para progredir, e cada progresso é como o desabrochar de uma flor, o nascimento de um novo fruto. Devemos descobrir nossa missão e trabalhar para sermos fiéis a ela. Esse é o caminho para o sucesso pessoal e financeiro.

6.
Use as emoções para pensar sobre investimentos.

A razão deve exercer o controle do seu pensamento. Aprenda a usar as emoções para pensar e não pensar com as emoções. Como diz Kiyosaki*: "não se deixe levar pelos seus sentimentos, que servem apenas como uma força indutora para a utilização da sua razão".

1 Robert Kiyosaki, autor da série de livros *Pai rico, pai pobre*, Ed. Campus/Elsevier.

7.

Ao montar um negócio, tenha disciplina e determinação.

É preciso investir muita energia para que seu negócio se transforme em um empreendimento rentável. Pode ser necessário abrir mão de algumas coisas ou fazer algum sacrifício. Tenha disciplina e determinação. Todo vencedor se prepara exaustivamente para o sucesso.

8.
Antes de montar um negócio, estruture um Plano de Negócios.

Monte um Plano de Negócios antes de começar um empreendimento. Faça uma pesquisa sobre os diversos aspectos do negócio, como: mercado, concorrência, riscos, tecnologias necessárias, estratégia de marketing, quadro de pessoal, planejamento financeiro e outros detalhes. Essa análise servirá para nortear suas ações, minimizando possíveis erros.

9.

Tenha os pés no chão na hora de montar um negócio.

Se você deseja montar um negócio próprio, procure analisar o investimento com antecedência, sob vários ângulos. Tenha em mente os riscos e os benefícios, e seja racional. Use o coração, mas reflita com a razão.

10.
É preciso dar o primeiro passo.

Não espere ter muito dinheiro para começar a poupar. É difícil, na vida, termos tudo o que desejamos. Comece a juntar desde já, mesmo que seja pouco. De grão em grão, a galinha enche o papo.

11.
Conheça bem sua situação financeira.

Conhecer a própria situação financeira em detalhes é o primeiro passo para iniciar sua caminhada em direção à riqueza e à prosperidade.

12.
A construção da riqueza começa com o autoconhecimento.

Se você pretende aumentar sua riqueza, seja financeira ou pessoal, procure primeiro conhecer a si próprio. Tenha clareza em relação a seus objetivos, anseios, medos e preocupações. Aja de acordo com sua natureza interior, sem forçar a barra.

13.
Mantenha a liquidez se estiver em recolocação de carreira.

Não pegue o dinheiro da sua rescisão e quite todo o financiamento do seu imóvel, por exemplo, antes de ter um novo emprego. Você pode acabar ficando sem liquidez — fator muito importante em situação de transição de carreira.

14.
Você não é escravo do dinheiro; ele depende de você.

O dinheiro existe para ser usado de forma a dar prazer. Domine suas fraquezas e tome cuidado para não se corromper. Você deve ficar no controle de suas finanças, e não o contrário.

15.
Não coloque todos os ovos numa mesma cesta.

Nunca invista todas as suas economias num único investimento. Procure aplicar seu dinheiro nos diversos mercados: financeiro, imobiliário e empresarial. Dentro do mercado financeiro, diversifique todos os riscos possíveis, não investindo, por exemplo, em ações de apenas uma empresa ou tudo em CDBs de um mesmo banco.

16.
Acertar sempre a hora de comprar e vender um ativo é quase impossível.

Por mais que se esteja atento, é muito difícil acertar sempre a melhor hora de entrar e sair de um mercado. Por isso, invista com regularidade, acompanhando a tendência de longo prazo.

17.
Dólar não deve ser considerado investimento.

Uma aplicação em dólar pode ser uma opção de curto prazo para se proteger de uma mudança brusca no câmbio. No longo prazo, entretanto, é uma opção normalmente corroída pela inflação.

18.
Em caso de dúvida sobre investimentos, consulte um consultor credenciado pela CVM.

Quem entende de investimento é o consultor de investimentos, um profissional preparado e credenciado pela CVM. Em caso de problemas de saúde física, procure um médico. Para dúvidas sobre investimento, o consultor de valores mobiliários é o profissional adequado.

19.
O dinheiro não tem poder por si só. Você que concede a ele energia, força e direção.

Sua riqueza depende de como você usa o seu dinheiro. Você é o gerador da energia e da força que ele pode lhe conceder. Sem direção, o dinheiro é como um barco sem leme.

20.
As necessidades de quem ganha R$ 500 por mês são diferentes das de quem ganha R$ 100.000.

Um banco tem diferentes segmentos, para atender os clientes de acordo com sua renda ou com o montante que desejam aplicar. Procure ser atendido no segmento correto do seu banco. Não force a barra querendo ser atendido num setor acima ou abaixo do seu patrimônio financeiro. Você pode estar perdendo oportunidades ou não ter disponíveis todos os produtos de que necessita.

21.
Se você tem uma empresa, procure avaliá-la periodicamente.

Para saber se o seu negócio está prosperando, trate de avaliá-lo de tempos em tempos. Procure saber por quanto poderia vendê-lo e faça ajustes na administração, caso sinta que o valor não está acompanhando, no mínimo, a inflação.

22.
Estabeleça uma relação de parceria com seu gerente no banco.

Do mesmo jeito que você precisa do banco, o banco precisa de você. Por isso, estabeleça uma relação de parceria com seu gerente. Procure utilizar tudo de bom que o banco tem, mas não se deixe explorar pelo banco, lembrando que o dinheiro é seu.

23.
Antes de investir, informe-se sobre os procedimentos e os órgãos reguladores.

É muito importante conhecer os procedimentos e os órgãos que regulam os investimentos que você está fazendo. Conheça seus direitos e informe-se com um profissional credenciado pela CVM e certificado por uma associação do mercado financeiro. Não tenha vergonha de fazer perguntas e procure tirar todas as suas dúvidas.

24.
Tenha a consciência voltada para a sustentabilidade.

Se você tem um negócio ou está pensando em montar um, escolha algo que perdure no longo prazo, que preserve o meio ambiente e que beneficie a comunidade. O sucesso nos dias de hoje está atrelado ao conceito de sustentabilidade.

25.
"A pessoa que sabe que não sabe, muito sabe."

Marc Faber

Não seja arrogante. A humildade é proveitosa, pois evoca a pesquisa e a análise. Conhecer bem o terreno onde está pisando é fundamental para o sucesso. Não pense que já sabe tudo. Isso pode levá-lo ao fracasso, principalmente quando se trata de investimentos.

26.
Em caso de turbulência, mantenha a calma e tome decisões de investimentos cuidadosas.

Se você está nervoso porque o momento é de turbulência, não adianta se apavorar. Esfrie a cabeça, busque a consultoria de um profissional cadastrado na CVM ou certificado por uma associação do mercado financeiro e só então tome decisões. Decidir “de cabeça quente”, geralmente, traz maus resultados.

27.

Em períodos que apontam juros reais elevados, considere aplicar em um título pós-fixado.

Quando a maré indica juros altos, talvez não valha a pena correr riscos para aumentar apenas um pouco o seu retorno. Se você é do tipo que não gosta de viver grandes emoções, fique quieto numa das seguintes opções: LFT, NTN-B, Fundos DI ou CDB indexado ao CDI.

28.
Exerça uma profissão que lhe dê prazer.

Siga o exemplo de vários milionários. Eles gostam do que fazem, por isso fazem bem feito. Não escolha uma profissão só pelo dinheiro. Exerça uma atividade pela qual tenha paixão. O dinheiro será consequência.

29.
Não se deixe intimidar pelo vendedor.

Todo vendedor tem uma meta de venda. Ao vender um investimento para você, ele tem interesses que, às vezes, conflitam com os seus. Não se deixe intimidar pelo vendedor. Seja dono do seu próprio dinheiro e não faça negócios apenas para não ficar "feio na fotografia".

30.
Compre ativos e não passivos.

Ativos são bens geradores de receitas; passivos, de despesas. Um carro, por exemplo, ao sair da concessionária, já perde em torno de 10% de seu valor. Além disso, requer seguro, manutenção e outros gastos. Antes de comprar um bem, reflita se ele deve ser considerado um ativo (algo desejável) ou um passivo (indesejável, por diminuir seu patrimônio).

31.

Ensine seus filhos a lidar com dinheiro.

Saber lidar com o dinheiro não é fácil e requer aprendizado desde a infância. Ensine seus filhos a lidar com os fatos práticos do dia a dia, converse com eles sobre dinheiro. Trate o assunto com naturalidade, tanto quando houver fartura como em momentos de escassez. Crie filhos ajustados às exigências da vida.

32.
Poupe com um objetivo definido.

Faça sua poupança com um objetivo definido: comprar uma casa, viajar, trocar de carro ou para a aposentadoria. Isso tornará menos doloroso deixar de fazer alguma coisa para poupar, pois você estará visualizando o bem que deseja adquirir no futuro.

33.

Decidir-se por um tipo de investimento é como escolher um(a) namorado(a).

Enquanto alguns escolhem pessoas com viés mais emocional e humor variável, outros preferem parceiros mais estáveis, com os pés no chão. Antes de investir, reflita sobre o seu jeito de ser para não sofrer depois. Procure investimentos cuja volatilidade se adapte a você.

34.
Festeje cada conquista.

Saiba desfrutar os prazeres da vida com o que você tem. É natural estarmos sempre aumentando nossas metas de sucesso. Mas saiba curtir cada degrau dessa escalada, celebrando cada vitória. Isso aumentará sua motivação para o sucesso.

35.
Avalie seu patrimônio como um todo.

Ao pensar em um novo investimento, considere tudo o que você já tem e busque o equilíbrio. Seu sucesso financeiro depende da harmonia entre suas aplicações nas áreas financeira, imobiliária e empresarial.

36.

"A melhor maneira de prever o futuro é criá-lo."

Peter Drucker

Não confie em cartomantes, numerólogos ou astrólogos. Você é responsável por construir sua vida. Crie seu futuro agora, com base nas atitudes do presente.

37.
Visualize as coisas boas que o dinheiro pode comprar.

O dinheiro pode proporcionar muitas coisas boas, como livros, educação, uma linda casa, um bom plano de saúde, uma aposentadoria tranquila. Visualize essas coisas boas e comece a agradecer por elas mesmo antes de obtê-las. Acredite que você é um ser humano capaz e que a riqueza também existe para você.

38.
Invista de acordo com a sua natureza.

Antes de investir, conheça seu perfil de risco. Não faça nada que lhe cause desconforto. Aplique seu dinheiro num investimento que combine com você. Você é um ser humano único, e seu perfil deve ser respeitado.

39.
O dinheiro existe para dar prazer.

Se houve discórdia na sua família por causa de dinheiro e isso deixou uma marca negativa, trabalhe para apagar essa má impressão. As brigas acontecem porque há pessoas despreparadas para lidar com o dinheiro. Enquanto a marca negativa persistir, será difícil ter sucesso financeiro. Dinheiro é uma coisa boa. Existe para dar prazer e não para trazer infortúnios.

40.

Conheça a si mesmo antes de investir.

É importante definir seu projeto de vida e seus objetivos. Antes de investir conheça suas preferências, sua maneira de agir, seus objetivos de vida e seu perfil de risco. Saiba aonde quer chegar para poder escolher o caminho a ser seguido.

41.
Antes de investir, considere a sua necessidade de liquidez.

Ao fazer a alocação de recursos, considere, além do seu apetite ao risco, seu horizonte de investimento. Para necessidades de curto prazo, aplique em renda fixa. Se você tem um prazo maior, se está juntando para previdência ou para herança, por exemplo, o sobe e desce dos preços desses ativos deixa de ser um risco relevante e pode se transformar num aliado para a obtenção de ganhos superiores.

42.
Não "carregue" ações perdedoras.

Pesquisas mostram que certas pessoas se apegam a ações que apresentam perdas por longos períodos, com a esperança de que seus preços subam algum dia. A melhor opção é, sem dúvida, desfazer-se dessas ações e buscar recuperação em outro ativo.

43.

"*Status* é comprar uma coisa que você não quer, com um dinheiro que você não tem, para mostrar para gente que você não gosta uma pessoa que você não é."

Autor desconhecido

Não gaste dinheiro com coisas desnecessárias simplesmente porque simbolizam *status*. Não tente ser quem você não é, canalize sua energia para potencializar um caminho verdadeiro rumo ao crescimento de sua riqueza.

44.

Ao adquirir um negócio, observe seus proprietários atuais.

Procure comprar "empresas" e não "ações". Seja consciente ao investir no mercado de ações. Analise as empresas cujas ações você pretende adquirir. Não jogue; invista.

45.

75% do valor de uma empresa são representados por questões intangíveis.

Fatores como lucro, receita e rentabilidade são importantes para avaliar o preço de uma ação. Entretanto, outros fatores de ordem intangível, como a marca e a imagem da empresa, têm mais impacto na sua precificação.

46.
Cheque especial e cartão de crédito devem ser vistos como dívida.

Saiba distinguir dinheiro próprio de emprestado. Não considere como renda o que é uma dívida. Ao entrar no cheque especial ou comprar com cartão de crédito, você está, na verdade, contraindo dívidas.

47.
Se você é um gastador compulsivo, procure ajuda terapêutica.

Quem não consegue frear o impulso de gastar pode estar sofrendo de um distúrbio chamado pelos especialistas de *oneomania*. O problema é considerado um tipo de vício e precisa ser tratado com terapia. Algumas instituições públicas oferecem o tratamento.

48.
A melhor forma de se livrar das dívidas é quitar todas de uma só vez.

Não prolongue suas dívidas, quite-as logo, nem que para isso seja necessário vender um bem, como um carro, por exemplo. Andar a pé às vezes faz bem à saúde física e também ao seu bolso.

49.
Se você contraiu dívidas e não tem como liquidar todas de uma vez, comece por quitar as que têm juros mais altos.

Nem sempre é possível quitar todas as dívidas de uma só vez. Por isso, aqui vão algumas sugestões: corte as despesas e comece a pagar primeiro as dívidas com as maiores taxas de juros, como as do cheque especial e do cartão de crédito. Cuidado, pois uma dívida de R$ 1.000 com juros de 8% ao mês se transforma em R$ 101.257 após cinco anos, caso não seja quitada antes disso!

50.
Diferenças patrimoniais definem a escolha do seguro.

A compra de um seguro pode ser um bom ou um mau investimento se for mal adquirido ou comprado sem avaliação prévia das reais necessidades de quem está adquirindo a proteção. Cheque suas necessidades, hábitos de consumo, patrimônio e real necessidade dos beneficiários da apólice antes de definir o valor do benefício ajustado à sua realidade.

51.
Ao comprar a prazo, sua preocupação deve ser a taxa de juros que está pagando.

Ao decidir por uma compra a prazo, não avalie apenas se o valor da prestação cabe no seu orçamento. Verifique o valor dos juros e da taxa cobrada. Avalie se não vale mais a pena juntar o dinheiro e adquirir o bem um pouco mais adiante, à vista.

52.
Trabalhar é importante, mas cuidado para não se tornar obsessivo.

A obsessão pelo trabalho é algo doentio, que não ajuda a aumentar a riqueza. Por roubar energia, a obsessão diminui a criatividade e, na verdade, prejudica o trabalho.

53.
Solicite documentos comprobatórios da instituição onde aplica seu dinheiro.

Quanto se trata de dinheiro, confie desconfiando. Opere com uma instituição que lhe transmita confiança, mas solicite periodicamente documentos oficiais comprobatórios da sua aplicação e dos rendimentos.

54.
Ao investir, faça perguntas.

Indague sempre sobre o investimento no qual pretende aplicar seus recursos, sobre a operação, seus procedimentos, riscos e os participantes envolvidos naquele mercado.

55.
Informe-se sobre as regras do mercado em que está investindo.

Solicite ao profissional que está lhe atendendo informações sobre o investimento escolhido, sua operacionalidade e práticas desse mercado. Pergunte sobre as garantias legais e regulamentares no caso de não cumprimento da ordem como especificado.

56.
Faça valer sua escolha.

Fique de olho no seu investimento, acompanhe a operação. O gerente do banco não tem o direito de aplicar seu dinheiro em uma operação diferente da escolhida por você.

57.
Exija o prospecto do fundo no qual pretende investir.

Antes de aplicar seu dinheiro em um fundo de investimento, exija receber no mínimo o prospecto dele. Leia-o com muita atenção. Esse documento é importante fonte de informação sobre os objetivos e os riscos do fundo.

58.
Ao investir, exija informação sobre o retorno e o risco da aplicação.

Ao escolher dentre as diversas alternativas de investimento, solicite ao gerente informações claras sobre o retorno e os riscos do produto. Veja se esses riscos são adequados ao seu perfil de investidor.

59.

Leia previamente o contrato antes de investir.

Tome conhecimento prévio do contrato que regula o investimento escolhido. Ele deve estar redigido de forma clara e deve apontar direitos e deveres de ambas as partes. Se você não se sentir tranquilo, peça ajuda a um advogado ou a um consultor financeiro para avaliar o contrato junto com você.

60.

Conheça os custos decorrentes do investimento.

Tenha consciência dos custos envolvidos na transação que está realizando, bem como do valor líquido que irá receber no momento do resgate. Recuse o pagamento de qualquer despesa que não tenha sido previamente acertada ou divulgada.

61.
Faça valer os seus direitos.

Se as regras do contrato do seu investimento forem desrespeitadas, faça valer os seus direitos e não se sinta constrangido ou ameaçado pelo profissional ou instituição que está lhe atendendo. Procure o órgão regulador (Banco Central, CVM ou SUSEP) e faça sua reclamação.

62.
Sinta-se tranquilo diante de uma decisão de investimento.

Não deixe de tomar uma decisão de investimento simplesmente porque não tem todas as informações de que gostaria. Sempre existirá a dúvida, e não se deve dar atenção exagerada a ela. Você pode perder oportunidades.

63.
A previdência privada deve ser comprada para fins de aposentadoria.

Aplique em previdência privada somente o que deseja acumular para esse fim. Os produtos de previdência privada têm regulamentação diferente dos demais investimentos, e são desenhados com a finalidade de aposentadoria, podendo ser usados em alguns casos também para fins de sucessão.

64.
Títulos prefixados são adequados para cenários de queda de taxa de juros.

Apesar de parecerem mais seguros, os CDBs prefixados são indicados para investidores que acreditam que as taxas de juros vão cair.

65.
Busque informação antes de aplicar num CDB.

Antes de aplicar num CDB, busque resposta
para as seguintes perguntas:

Qual o risco de a instituição que está
emitindo o CDB quebrar?
Qual a tendência da taxa de juros
durante o período da aplicação?
Qual a regra para resgate antes do vencimento do CDB?

66.

Títulos pós-fixados são adequados para cenários de taxas de juros ascendentes ou para pessoas que querem acompanhar o mercado.

Se você se defrontar com a decisão de compra de um título de renda fixa pré ou pós-fixado, analise a tendência dos juros no mercado. Em períodos conturbados ou que demonstrem uma tendência de subida dos juros, talvez o mais indicado seja ficar pós-fixado, acompanhando a variação do mercado. Em períodos mais estáveis, prefixados podem oferecer melhor rendimento.

67.

"Cuide de vender o seu cavalo antes que ele morra. A arte da vida é saber superar as perdas."

Robert Frost, poeta

Saiba se desfazer de ativos desvalorizados. Não adianta ficar segurando-os com a esperança de recuperar a perda. Siga em frente! Não se apegue ao passado. Venda seus ativos e busque retorno em outro investimento.

68.
Uma semente precisa fazer uma longa viagem até se transformar numa flor.

A natureza deu a você diversos dons. Procure explorar suas habilidades e trabalhe com dedicação para transformá-las em reconhecimento. O sucesso e o dinheiro são consequências de um árduo trabalho bem-feito.

69.
Não polua a sua natureza.

A vida em sociedade nos impõe uma série de tarefas e comportamentos que nos transformam em uma "árvore de natal" cheia de "penduricalhos sociais" que poluem a nossa natureza. Saiba impor um limite a tudo isso e mantenha firmes os seus propósitos. Tenha foco e persista rumo ao sucesso pessoal e financeiro.

70.
Nem sempre comprar uma ação é mais arriscado do que comprar um CDB.

Por vezes é mais seguro comprar uma ação do que um CDB. Tudo depende do banco emissor do CDB e da empresa emissora da ação.

71.
Aplicação em imóveis nem sempre é segura.

Investimento imobiliário não significa segurança. Uma favela pode surgir nas redondezas do imóvel e o valor de mercado cairá. O fato de um ativo parecer sólido e estável não garante que não tenha risco em termos de investimento.

72.

"Investir em Educação rende sempre bons juros."

Warren Buffet

Investidor com sucesso requer contínuo aprimoramento. Por isso, procure manter-se sempre atualizado. Pessoas bem informadas têm mais chances de sucesso na vida.

73.
O mercado acionário é um investimento de longo prazo.

Se você decidiu investir na Bolsa, não tenha pressa para obter retorno. Estatísticas mostram que a Bolsa é o melhor investimento no longo prazo, mesmo que haja turbulências no caminho.

74.
A aquisição de ouro para investimento deve ser feita na BM&FBovespa.

Se você pretende comprar ouro como investimento, faça isso através de contratos-padrão de 250 g de ouro no mercado BM&F. Além de seguro, o preço não sofre o acréscimo do design da joia.

75.
Confira a taxa de administração do fundo em que pretende aplicar.

Taxa de administração é o valor que uma instituição cobra para administrar um fundo de investimento. É a sua remuneração. Portanto, ao investir num fundo de investimento, verifique a taxa de administração. Quanto maior for a taxa, menor deverá ser a rentabilidade do fundo, em especial quando se tratar de renda fixa. Busque taxas de administração reduzidas.

76.
Utilize a Internet ou os caixas eletrônicos para suas operações bancárias.

Sempre que houver a opção, faça suas transações bancárias por meio da Internet ou dos caixas eletrônicos, que costumam ter tarifas mais baratas ou inexistentes. Os bancos costumam cobrar tarifa mais cara pela utilização do caixa convencional.

77.
Olhe para a frente, pois é nessa direção que a vida caminha.

Ficar atrelado ao passado em nada ajuda a sua vida financeira; é para a frente que a vida caminha. Por exemplo, manter um imóvel difícil de alugar, que acaba gerando mais despesa do que renda, só porque lhe traz boas recordações dos seus pais não é uma atitude inteligente. Lembranças boas do passado devem ficar guardadas na memória e só. No mundo racional, não há lugar para decisões emocionais quando se trata de investimento.

78.
Ter um patrimônio grande em imóveis não significa riqueza.

Ter muitos imóveis não significa riqueza. Para gerar riqueza, o imóvel tem de estar gerando renda. Imóvel vazio ou com inquilino que não paga o aluguel, ou que não cuida bem dele, só gera aborrecimento.

79.
A localização é o principal fator de valorização de um imóvel.

O que mais influencia o preço de um imóvel é a sua localização. É melhor ser proprietário de um pequeno imóvel em uma rua chique da cidade do que de um grande imóvel em um bairro menos valorizado.

80.
Ao avaliar um imóvel para compra, visite o local várias vezes.

É importante conhecer bem o local do imóvel que você deseja comprar. Visite-o em diferentes dias e horários para verificar se há barulho, trânsito ou outros incômodos.

81.
Evite comprar por modismo.

Ao decidir por um investimento — seja imobiliário, empresarial ou financeiro — pense bem antes de fechar o negócio. Não embarque numa canoa somente porque várias pessoas estão embarcando. Toda moda passa; é sempre bom lembrar disso.

82.
Planeje sua aposentadoria.

Prepare-se desde jovem para a aposentadoria. Quanto antes começar a poupar, maior será o rendimento sobre o capital investido na formação do seu colchão de segurança para a maior idade.

83.
Toda caderneta de poupança é igual.

A caderneta de poupança é a aplicação mais simples e tradicional. Não importa qual o banco, ela tem o mesmo rendimento.

84.
Preste atenção: o dinheiro alocado em conta-corrente, poupança e CDB é garantido só até determinado valor.

A poupança, CDB, letra hipotecária e conta-corrente juntos garantem, em caso de liquidação do banco, até R$ 60.000,00 por CPF. Não há garantia da totalidade do seu dinheiro quando a soma desses produtos ultrapassa esse teto máximo, nem mesmo se estiver tudo na poupança.

85.
Tesouro Direto: uma opção de investimento com baixo risco.

Pelo Tesouro Direto (www.tesouro.fazenda.gov.br/tesouro_direto/) é possível adquirir títulos públicos emitidos pelo governo federal. Trata-se de opção interessante de investimento para o seu portfólio, principalmente quando o valor a ser aplicado não é muito grande. Costuma render mais que um CDB e é emitido pela União.

86.

Ao comprar um título de crédito, analise sempre se a empresa é merecedora desse crédito.

Diante da oportunidade de compra de uma debênture, CDB ou qualquer outro título de crédito, analise se a empresa – ou banco – é merecedora desse crédito. Peça ao executivo que o atendeu para fornecer uma análise da sua performance. Como credor da companhia, você deve se sentir confortável com relação à capacidade da empresa emissora do título em honrar o compromisso.

87.
Os fundos de previdência têm público alvo diferenciado.

O PGBL é dirigido a quem preenche a declaração de imposto de renda no formulário completo, pois permite descontos de até 12% da renda bruta, como se fossem gastos com educação ou saúde. O VGBL é dirigido a quem preenche o formulário simples. Não dá direito a descontos, oferecendo vantagens apenas no momento do resgate.

88.

I.P.O. está na moda, mas cuidado ao participar de um.

Ao participar de um I.P.O., seja cauteloso. Quando uma empresa faz um I.P.O. significa que ela está estreando na bolsa. Logo, leia o prospecto da oferta pública com toda atenção. Nada garante que você vai ganhar dinheiro.

89. Ao investir em ações, você se torna sócio da empresa.

Ao montar um negócio, você normalmente procura saber tudo sobre o ramo em que está investindo. Logo, também deve estudar sobre a administração e a geração de lucros da companhia emissora da ação. Afinal, ao comprar uma ação, você se torna sócio da empresa.

90.

Fundos de ações foram criados para quem não quer se preocupar com a administração de seus investimentos em ações.

Se você deseja investir no mercado de ações, mas não sabe como e tampouco quer se preocupar com o dia a dia do mercado, uma boa opção é comprar cotas de um fundo de ações ou participar de um clube de investimento.

91.
Um investidor de sucesso deve ser disciplinado em sua análise de risco.

Preste atenção ao que diz Larry Rosenberg: "analisar o risco, estar ciente dele e respeitá-lo faz do indivíduo um bom operador." Ele recomenda deixar o ego de lado e fazer valer a disciplina do gerenciamento dos riscos.

92.
Tenha a mente aberta para o novo.

Tenha a mente aberta para as novidades. Essa é uma das principais condições para se obter riqueza, em todos os sentidos. Busque compreender o mercado financeiro como forma de multiplicar seu dinheiro, adquirir independência financeira e gerar riqueza. Informe-se.

93.
Fundos Multimercados podem ter mais risco do que você imagina.

Os Fundos Multimercados podem ser boas opções de investimento, mas atenção: eles podem ter mais risco do que você imagina. Antes de aplicar em um fundo multimercado, leia o prospecto com atenção, em especial o que se refere aos seus riscos.

94.
Ao comprar ações de uma determinada empresa, analise sua diretoria.

Se você vai se tornar acionista de uma empresa, informe-se sobre seus sócios controladores e diretores. Afinal, são eles que vão tomar as decisões estratégicas sobre o destino da companhia.

95.

Comece já a contribuir para sua aposentadoria.

Se você ainda não tem um plano de previdência privada, é válido contratar um o quanto antes. Quanto mais cedo começar a contribuir, menos terá de sacrificar mensalmente e mais terá durante a aposentadoria.

96.
Eduque seus filhos para a vida financeira.

Ensine seus filhos a ter uma vida financeira saudável desde cedo. Fale sobre dinheiro com eles com naturalidade.

97.

Diversifique sua carteira de ações.

Procure diversificar sua carteira de ações. Não compre apenas ações de empresas de um setor econômico. Monte um portfolio de ações com empresas de diferentes segmentos. Assim, o risco de perda é diluído.

98.
Seja transparente e evite confusão.

Tenha senso prático na vida. Deixe por escrito e sob a responsabilidade de alguém de sua confiança um documento informando como agir e quais pessoas contatar no caso de sua falta. Esse pequeno cuidado pode tirar quem você ama de uma grande confusão financeira.

99.

Ao iniciar no mercado de ações, decida em que tipo de empresa você quer investir.

Antes de começar a investir em ações, pare e pense no que você deseja: ações que pagam bons dividendos (renda) ou ações de empresas que têm um grande potencial de crescimento. Decidir a empresa deve ser o segundo passo.

100.
Toda aplicação é individual.

O que é melhor para uma pessoa pode não ser para outra. Logo, não tente copiar as aplicações dos outros. Você é um ser único e, como tal, deve ser tratado.

101.
Taxa de juros: um custo pela pressa.

Juros são o preço que se paga para adquirir algo rapidamente, antes de termos todo o dinheiro para comprar à vista. Pense bem antes de comprar algo a prazo. Verifique quanto estará pagando de juros e pergunte a si mesmo se o valor é justo. Talvez valha a pena esperar um pouco mais, juntar a quantia necessária e comprar à vista.

102.
Se você não entende de ações, mas deseja investir nesse mercado, considere participar de um clube de investimento.

O clube de investimento permite aos seus participantes uma proximidade maior com o gestor da carteira. Trata-se de uma valiosa oportunidade de aprendizado. Considere participar de um.

103.
Cuide do seu dinheiro como você cuida da sua saúde física.

A saúde financeira é tão importante quanto a saúde física. Com dinheiro você tem acesso a alimentos, habitação, vestuário, educação, diversão, viagens. Zele pelo seu patrimônio.

104.
Se você não sabe o que fazer, estude as opções de investimentos.

Ninguém nasce sabendo. Por isso, é normal ficar em dúvida diante de uma ou mais opções de investimento. Nesse caso, pare e invista tempo e energia no estudo do assunto – mesmo que seja difícil. O esforço vale a pena, pois você se sentirá mais seguro para tomar sua decisão.

105.
Pense no longo prazo, mas não descuide do curto prazo.

Lembre-se de juntar para a aposentadoria. Mas procure desfrutar o curto prazo: toda vez que fizer um bom negócio, permita-se o luxo de se presentear.

106.
Antes de investir, informe-se sobre os impostos.

Cada produto tem uma forma de tributação e uma alíquota própria. Por isso, antes de investir, informe-se sobre as especificidades tributárias do produto.

107.

Dependendo da carteira do fundo de investimento, o imposto de renda pode ser maior ou menor.

Se o fundo for considerado de longo prazo, o imposto de renda cobrado será menor (15%) depois de completar 720 dias de aplicação no fundo. Se o fundo for de curto prazo, a menor alíquota de imposto de renda que se pode obter é de 20%. Logo, antes de aplicar, informe-se sobre o prazo da carteira do produto.

108.
Fundos de curto prazo são menos arriscados que os de longo prazo.

O prazo médio dos títulos que compõem a carteira de um fundo de curto prazo não pode ultrapassar 60 dias. Isso diminui o sobe e desce da cota (volatilidade), uma vez que o preço de um papel mais curto tende a oscilar menos que um longo. Ao investir, certifique-se sobre a carteira do fundo.

109.
Você é dono do fundo de investimento, e não o banco.

Diferentemente do que se imagina, os donos de um fundo de investimento são os cotistas. O banco é apenas distribuidor, administrador e/ou gestor, ou seja, vende o fundo e administra a carteira. Por isso, você tem direito a ter todas as informações que quiser sobre o produto.

110.
A poupança não tem garantia do governo federal.

O dinheiro que você tem na poupança não está blindado contra a quebra do banco. O Fundo Garantidor de Crédito cobre perdas de até R$ 60.000,00 por CPF, do que o cliente tem no banco em determinados produtos, não incluindo fundos de investimento. Não se iluda.

111.
Busque conteúdo. A superficialidade é passageira.

Esteja muito atento ao comprar um negócio. Procure substância: confira os números e analise bem. Para Peter Drucker*, negócios não devem ser fechados apenas com um clique do *mouse*, mas ser construídos com tijolos e argamassa.

---

* Peter Drucker foi consultor, professor e autor de diversos livros sobre gestão de negócios.

112.
O clube de investimento é uma maneira sadia de aprender sobre o mercado acionário.

Se você quer investir no mercado acionário, mas não sabe como, participe de um clube de investimento. Lá você e os outros membros do clube terão a oportunidade discutir e aprender sobre ações.

113.

Com relação à tributação, os fundos de investimento são penalizados devido ao efeito perverso do "come-cotas".

Os ganhos dos fundos de investimento, com exceção dos fundos de ações, são tributados semestralmente. Para o pagamento desse imposto, parte do seu investimento é resgatada, diminuindo a quantidade de cotas que você originariamente havia adquirido.

114.
Em termos de tributação, o CDB oferece uma vantagem adicional quando comparado com um fundo de investimento.

O CDB é um investimento livre do "come-cotas". Seu dinheiro fica rendendo até o vencimento ou liquidação do título, não havendo resgate para pagamento de imposto de renda. É, portanto, um atrativo do produto.

115.

"O que é um cínico? Um homem que sabe o preço de tudo e o valor de nada."

Oscar Wilde, escritor

Ao fazer um investimento, ou mesmo uma compra, não basta saber o preço. É muito importante saber exatamente o valor do que se está adquirindo. O objeto vale quanto pesa ou está mais caro apenas por modismo? Reflita bem antes de gastar seu suado dinheirinho.

116.
Dinheiro malcuidado acaba.

Cuide bem do seu dinheiro. Se você não investir adequadamente, ele pode acabar.

117.
Não deixe seu dinheiro parado.

Se você não sabe o que fazer com seu dinheiro, não fique parado sem fazer nada. Informe-se sobre os produtos disponíveis para o seu montante de recursos e invista. Dinheiro parado é igual a juros jogados fora.

118.
Um seguro de vida é mais do que um dinheiro que cai do céu.

Um bom seguro financeiro é uma forma disciplinada de fazer poupança para seus familiares. Além de ajudar no pagamento de imposto de transmissão de bens e custos advocatícios, no caso de inventário, pode ser utilizado para cobrir saldos devedores e despesas médicas herdadas.

119.
Organize sua herança, independentemente do valor de seu patrimônio.

Organizar a herança não é privilégio de ricos. Todo mundo deve pensar em como seus bens serão distribuídos após sua ausência e, principalmente, como protegê-los de herdeiros gastadores.

120.
Sociedade é como um casamento. Saiba ser parceiro.

Saber ouvir e trabalhar em grupo são características fundamentais para quem pretende dividir um negócio com outros sócios. Sociedade é como casamento. Se você tem dificuldade em se relacionar com um ou mais parceiros, desista da sociedade.

121.

A riqueza econômica e monetária duradoura é consequência do seu interior.

A riqueza material é uma consequência da autenticidade, da sinceridade, da verdade, do amor, da criatividade e da sensibilidade do indivíduo. Por meio desses atributos o homem encontra a verdadeira prosperidade.

122.
Considere manter uma conta conjunta.

Ter uma conta bancária conjunta com alguém de confiança é muito importante. Em caso de falecimento ou de um dos titulares ficar impossibilitado de movimentá-la por motivo de saúde, o cotitular poderá fazer as movimentações necessárias.

123.
Como saber a hora de comprar ou vender uma ação?

Sua decisão inicial de investir deve ser definir quanto do seu patrimônio deseja ter em ações. Se esse percentual aumentar, está na hora de vender parte das ações. Se diminuir, venda parte de Renda Fixa e aplique mais em ações até o percentual previamente estipulado.

124.
Comprar um carro não é um investimento.

A compra de um carro não deve ser considerada investimento. Um carro popular zero, por exemplo, sofre grande desvalorização nos seus primeiros anos e gera despesa anual em torno de 30 salários mínimos. Apesar de gerar conforto, um carro deve ser considerado um passivo.

125.
É arriscado guardar dólares em casa.

Guardar dólares em casa não é uma boa opção de investimento. Além do problema da segurança, o suposto investidor está deixando de ganhar os juros do banco.

126.
Ações negociadas em Bolsa são o único ativo cujo preço é divulgado *on-line*.

Para sabermos o preço de um imóvel, na maioria das vezes, precisamos aguardar a vinda de um corretor para avaliá-lo e não há garantia de que o valor dado seja correto. Já um ativo negociado na Bolsa de Valores é cotado *on-line*, em tempo real.

127.

Montar um negócio próprio pode ser mais arriscado do que comprar uma ação em Bolsa.

De acordo com uma pesquisa realizada pelo Sebrae-SP em 1999, no Estado de São Paulo, a taxa de mortalidade das empresas foi aproximadamente 35% no primeiro ano de atividade, 46% no segundo e 56% no terceiro. Após três anos, somente 44% das empresas, em média, continuaram em atividade. O mesmo não ocorre com as empresas cujas ações são negociadas na Bovespa. Pense nisso.

128.
Não seja escravo das circunstâncias, torne-se senhor da situação.

Se você não se sente seguro em relação ao investimento que pretende fazer, pesquise e pergunte. Não se deixe influenciar pelas bonitas palavras do gerente do banco. Torne-se dono da situação e aprenda a dirigir os rumos dos seus investimentos.

129.
Educar seus filhos para a vida financeira é trazer à tona os dons maravilhosos das crianças.

Educar consiste em acreditar firmemente na capacidade latente dos seus filhos. A educação financeira deve ser constante e ter como base a atitude de elogiar a criança toda vez que ela demonstrar senso prático com relação ao dia a dia financeiro.

130.
As palavras que proferimos traçam o nosso destino.

Nossa atitude mental pode tornar nossa vida radiante ou sombria. Se você quer ser próspero na vida, sintonize sua mente com o sucesso, de forma a atrair somente coisas boas.

131.
Uma família saudável financeiramente trata de assuntos financeiros com naturalidade.

Com dinheiro compramos comida, educação, moradia e remédios. Logo, para sermos saudáveis financeiramente, é importante que se trate do assunto com naturalidade.

132.
Investimentos em renda variável são indicados para quem privilegia a rentabilidade e dispõe de tempo.

A renda fixa é um investimento com menores perspectivas de ganhos no longo prazo, porém com menor oscilação nos retornos. Aplicações em renda variável podem propiciar ganhos elevados, mas também impor pesados prejuízos para quem precisa de liquidez. Entretanto, ter ações de empresas sólidas, com perspectivas de crescimento (apesar de em certas ocasiões seus preços variarem muito), é um investimento que dificilmente vira pó.

133.
Procurando por um negócio para investir? Inspire-se em Warren Buffet.

O mago dos negócios disse certa vez: “Quando procuramos uma empresa para comprar, adotamos a mesma atitude de quem procura uma esposa: deve-se ser ativo, interessado, ter a mente aberta, mas não vale a pena ter pressa”.

134.

Crises em Bolsa podem parecer pequenos terremotos.

Pense antes de se desfazer de posições em Bolsa simplesmente por causa de uma crise. Durante um terremoto leve, muitas pessoas saem correndo de casa, mas assim que o tremor termina, retornam às construções que não tiveram abalo em suas fundações. Antes de sair vendendo suas ações, procure saber os motivos da queda da Bolsa.

135.
Buscando investimento seguro? Pense no Tesouro Direto.

Se você está buscando um investimento seguro, aplique no Tesouro Direto. O risco de crédito é praticamente inexistente, a aplicação é feita pela Internet e as taxas cobradas costumam ser muito menores que as dos fundos de investimento.

136.
A sabedoria emprestada pode ser desvantajosa.

Não se impressione com palavras bonitas de alguém que pareça entender muito de investimentos. O outro pode estar errado e o que é bom para ele pode não ser bom para você.

137.
O homem sábio busca o significado, o tolo ouve somente o ruído.

Cuidado com o que você ouve e lê. Saiba diferenciar uma informação valiosa de uma duvidosa. Cheque a fidedignidade e a origem de uma informação antes de tomá-la como referência para uma decisão de investimento.

138.

Se o seu banco não atende a suas necessidades, não tenha pena: troque de banco.

A qualidade de qualquer serviço é testada somente quando precisamos deles. Por isso, se a experiência com um banco não for boa, o melhor a fazer é trocar de banco. A concorrência é grande no mercado, e certamente um deles lhe atenderá como você merece.

139.
As aparências enganam.

Viva uma vida verdadeira. As aparências enganam e não são sinônimo de riqueza. Ter uma lancha, por exemplo, não significa estar bem financeiramente – o dono pode estar endividado até o último fio do cabelo. Não viva de ilusões.

140.
Dedique-se com amor ao que faz.

Não se deve considerar uma profissão levando em conta a média das pessoas que se engaja nela. Se você quer ter sucesso, dedique-se com amor ao que faz e faça bem-feito. Se você fizer bem-feito, outros notarão e o dinheiro virá a rebote.

141.
Não existe fórmula mágica para alcançar a riqueza.

É preciso ter paciência quando se deseja alcançar algo. Métodos e critérios experimentados e comprovados são fundamentais para se obter riqueza. Siga por esse caminho.

142.
Tenha paixão pelo que faz.

Quem executa um trabalho preocupado apenas com o dinheiro que vai ganhar tropeça no primeiro obstáculo. Para ter sucesso, é importante amar o que faz e fazer o que ama.

143.
Transforme os obstáculos em estímulos para seguir em frente.

Não se deixe abater pelas dificuldades. Supere-as procurando aprender e melhorar cada vez mais. Os empreendedores de sucesso agem assim.

144.

Ser prevenido é uma qualidade quando se trata de investimentos.

Não se deixe influenciar pela primeira informação sobre um investimento, principalmente se ela vier de alguém que não sabe todos os detalhes ou que não é um especialista. Procure dados que lhe forneçam um parecer correto sobre o assunto.

145.
O maior inimigo do investidor pode ser ele mesmo.

Observe o conselho de Benjamin Graham*, guru do mega-investidor norte-americano Warren Buffett: "Focalize seus esforços na implementação de uma estratégia de longo prazo sem se deixar influenciar pelas possibilidades de ganho 'fácil' e de retorno de curto prazo – frutos de janelas de oportunidades que dificilmente se repetem".

* Benjamin Graham (1894-1976) – empresário, professor e escritor norte-americano, autor do clássico *Security analysis* (1934)

146.

Faça um planejamento financeiro de longo prazo.

Apesar de não termos garantia de que objetivos de investimento pré-definidos serão alcançados, o planejamento financeiro de longo prazo ajuda o investidor a evitar eventuais prejuízos.

147.
Ensine seus filhos a negociar desde cedo.

Ensine seus filhos a negociar, argumentar, chegar a um acordo com seu interlocutor quando se trata de dinheiro. Mostre-lhes a importância de uma negociação financeira ainda quando crianças. Quando entrarem na adolescência, explique-lhes um dos conceitos mais importantes da teoria econômica: a taxa de juros. Ela representa o custo que pagamos para receber uma quantia em dinheiro antecipadamente.

148.

Saber esperar é importante quando se almeja a saúde financeira.

Ter paciência é fundamental para quem almeja a independência financeira. Trocar o consumo por poupança, para ter mais recursos no longo prazo, requer disciplina e amadurecimento. Por isso, continue poupando.

149.
Não comece a gastar ao primeiro sinal de melhora na sua renda.

Um erro comum é começar a gastar mais assim que a renda melhora um pouco. Presenteie-se com uma coisa ou outra, mas não atrele esse ganho adicional a compromissos de pagamentos regulares como prestações ou hipoteca. Junte mais dinheiro e tenha certeza de que o fluxo permanecerá constante, antes de assumir dívidas.

150.
Se você trabalha por conta própria, mantenha um cuidadoso planejamento pessoal financeiro.

Quem tem receita irregular tem que manter um controle de seus gastos mais de perto do que os assalariados. Faça um planejamento financeiro pessoal planilhando seus gastos na base de 12 meses.

151.
O passado se foi, o presente é real e o futuro tem de ser construído.

Livre-se do passado, aproveite o presente e construa seu futuro financeiro com realismo e perseverança. Defina objetivos e faça planos para chegar aonde quiser chegar.

152.

Você é o que faz hoje e não o que foi no passado.

A vida é dinâmica, e o passado deve servir apenas como aprendizado. Se você atravessa uma situação financeira semelhante a outra vivida anteriormente, procure refletir sobre sua experiência e reagir de forma diferente e positiva.

153.
"Saber tomar decisões é bom, mas trabalhar duro é ótimo".

Reflita sobre as palavras de Peter Drucker: "poucas situações exigem que sejamos gênios para tomar decisões. Na maioria das vezes, temos que trabalhar arduamente. Somente isso".

154.
A mentira destrói a riqueza; a verdade gera riqueza.

Não gaste mais do que realmente pode para impressionar os outros. Ao fazer isso, você está enganando a si mesmo, em primeiro lugar. Somente quem vive um estilo de vida de acordo com sua renda é capaz de aumentar seu patrimônio.

155.
Não culpe os outros por sua situação financeira.

Deus nos dá permissão para escrever nossa própria história a cada dia. Nós a escrevemos por meio das nossas escolhas. Sua situação financeira hoje é consequência das suas decisões no passado. Pense nisso e assuma a responsabilidade sobre suas decisões, seja no passado ou no presente.

156.
Cuidado para não machucar quem você ama.

Infelizmente, muitas pessoas se transformam diante de situações de divisão de bens, algumas vezes até prejudicando os filhos. Se você se encontra em situação de disputa por causa de dinheiro, cuidado para não machucar quem ama.

157.
O julgamento dos outros não determina seu valor.

Não se sinta pequeno ou inferior aos outros porque sua situação financeira no momento não é satisfatória como você desejaria. Não deixe que sua mente vagueie tentado imaginar o que estão pensando sobre você. O julgamento das pessoas não determina seu valor como ser humano e sua capacidade de gerar riquezas.

158.

Sempre existe algo a aprender com as outras pessoas.

Quem pensa que sabe tudo não irá longe. Ouvir outras pessoas é bom e alarga a nossa visão da vida. Alguém que está fora de uma situação tende a não se envolver emocionalmente e pode contribuir com algo novo.

159.
Não cobice a situação financeira dos outros, nem seus talentos.

Seja você mesmo e trace objetivos para seu futuro. Não perca tempo nem energia desejando ter o que os outros têm. A vida deve seguir para a frente e não para os lados.

160.
Aprenda com os erros.

Não lamente a perda de uma boa situação financeira que teve no passado. Anote os erros que cometeu, aprenda com eles e siga em frente. Ficar preso ao passado é uma tremenda perda de energia, de tempo e de dinheiro, e certamente não lhe fará bem.

161.
Dinheiro e crença religiosa podem estar do mesmo lado.

Você pode ser coerente no que diz respeito a sua postura em relação ao dinheiro e a sua fé religiosa. Existem hoje no mercado fundos de investimento administrados com base em crenças religiosas. Um investidor judeu, por exemplo, pode escolher não aplicar seu dinheiro numa empresa que comercialize carne de porco, porque sua religião condena o consumo desta. Aplique de acordo com sua crença e fique com a consciência tranquila.

162.

Cuidado com o problema do cisne negro.

O fato de a rentabilidade de um fundo de investimento ter sido toda acima do CDI nos últimos dois anos, não garante que a rentabilidade futura também será. Cuidado com os dados apresentados. Não se deixe enganar por falsas conclusões. Apenas porque um cisne é negro não significa que todos também o sejam.

163.

Ao investir em um fundo de investimento, vise além da rentabilidade.

Aplicar em um fundo de investimento implica muito mais do que apenas rentabilidade. Você precisa estar de acordo com os objetivos do fundo e acreditar que o gestor vai persegui-los sem se desviar das metas propostas.

164.
Enriquecer é uma longa caminhada.

O mundo moderno é extremamente competitivo. Só os melhores se destacam. Por isso, faça como o pai de Abraham Lincoln: seja um sapateiro de primeira qualidade. Ou seja, torne-se um exímio profissional na atividade que escolheu exercer. Todos querem contratar e ser atendidos pelos melhores. Esses ganham mais.

165.
Cuidado com o acaso; ele pode pregar peças.

Momentos adversos acontecem no mercado. Se até mesmo construções sólidas estão sujeitas a danos causados por tempestades ou atos de vandalismo, todo investimento tem sua parcela de risco. Ao investir, certifique-se quanto aos riscos do produto.

166.
Seu dinheiro deve lhe proporcionar tranquilidade, e não ansiedade.

Na hora de tomar uma decisão financeira, pense, antes de tudo, na opção que vai lhe dar mais tranquilidade. Dinheiro foi feito para dar prazer, e não preocupação.

167.

Ao cuidar das suas emoções, você também cuida da sua saúde financeira.

Os problemas financeiros são muitas vezes reflexo da sua saúde emocional. Cuidando de si mesmo, você estará cuidando também do seu dinheiro.

168.
Livre-se das dívidas no cartão de crédito e no cheque especial o quanto antes.

Se você está com dívidas no cheque especial e no cartão de crédito, tente negociar com o banco e busque fontes mais baratas de recursos para quitar suas dívidas. Manter esses débitos em aberto é assinar sua sentença de morte financeira e emocional.

169.
Mantenha um fundo de emergência.

É muito importante ter um fundo de emergência para assisti-lo em situações inesperadas como queda de renda ou doença, por exemplo. Comece a poupar agora e compre sua tranquilidade para o dia de amanhã.

170.
Monte um fundo de emergência adequado às suas necessidades.

Tenha pelo menos doze meses de gastos reservados em seu fundo de emergência. Isso pode livrar você e sua família de muitos problemas.

171.
"O longo prazo é um somatório de curtos prazos."

Alan Greenspan*

Ter planos e metas de longo prazo é fundamental para obter sucesso. Mas, quando se trata de investimentos, deve-se observar também o curto prazo. Analise sua carteira de investimentos com regularidade, a fim de ajustá-la às novas realidades do mercado e de corrigir eventuais desvios do caminho desejado.

---

* Alan Greespan foi presidente do Banco Central americano por 27 anos.

172.

Pessoas com dinheiro nem sempre têm poder; pessoas sem dinheiro às vezes têm poder.

Ter dinheiro não vai lhe fazer uma pessoa poderosa, pois o poder está em você e não no dinheiro. O dinheiro sozinho não faz nada acontecer; ele depende da sua vontade, das suas ações.

173.
Um investidor bem sucedido deve reunir várias qualidades.

Peter Lynch, renomado gestor de recursos inglês, já dizia que um investidor de sucesso deve ter as seguintes qualidades: paciência, autoconfiança, bom senso, tolerância à dor, mente aberta, desprendimento, persistência, humildade, flexibilidade, vontade de fazer pesquisa por conta própria, capacidade de admitir erros e habilidade para ignorar pânico geral. Que tal cultivar essas características?

174.
Ao se aproximar da aposentadoria, diminua os investimentos mais arriscados.

Quando faltarem cinco anos para se aposentar, refaça todas as suas contas. É hora de preparar um colchão gerador de renda. Não é aconselhável assumir muitos riscos nesse momento, mas, sim, pensar no futuro visando estabilidade.

175.

Perto da aposentadoria, o determinante em investimentos deve ser sua necessidade de gastos.

Ao refazer suas contas para a aposentadoria, eleja valores para investimentos que gerem renda. O fator mais importante para determinar seu mix de investimentos nesse momento não é mais seu perfil de risco e sim o quanto de dinheiro você necessitará após se aposentar.

176.
Por mais que acredite na instituição onde trabalha, não concentre o risco da sua carteira de ações em apenas uma empresa.

Mesmo tendo toda a fé na empresa em que trabalha, ou ligações emocionais com as ações que comprou ou herdou de seus pais, diversifique sempre sua carteira de ações.

177.
Considere diversificar por meio de um fundo ou clube de investimento.

Se você não tem condições financeiras para ter pelo menos 15 ações de diferentes companhias e segmentos econômicos, considere investir em um fundo ou um clube de investimento.

178.
Use seu dinheiro para fazer o que é certo para você, em primeiro lugar.

Se uma decisão financeira está lhe causando ansiedade e estresse, não deve ser seguida mesmo que tenha sido recomendada por um especialista em investimentos. Antes de tudo, você tem de se sentir confortável. Lembre-se sempre: dinheiro existe para dar prazer.

179.
A verdade gera dinheiro.

Seja sempre honesto com você e com os outros sobre sua situação financeira. Querer parecer mais do que realmente é pode custar caro e arruinar sua vida financeira.

180.
Diminua a incerteza sobre seu futuro financeiro.

Elimine todas as dívidas. Débitos em cheque especial, cartão de crédito, financiamento de imóveis, prestações de carro e casa devem ser zerados assim que possível. Construa uma vida financeira estável visando um futuro próspero.

181.
FGTS: um fundo de emergência.

O FGTS rende menos do que a poupança e muitas vezes menos que a inflação. Por isso, não deve ser encarado como um investimento. Encare-o como um fundo de emergência que poderá ser sacado em caso de desemprego, doença grave ou para quitar um imóvel.

182.
Enriquecer é uma longa caminhada.

Se você não nasceu em berço de ouro, nem ganhou na loteria pode ter certeza de que terá de trabalhar muito para ficar rico. Muita gente desiste de tentar ficar rico por ansiedade, porque espera que a riqueza aconteça rapidamente. Essas pessoas querem atingir o topo sem passar por cada degrau da escada. Conscientize-se de que tudo tem início, meio e fim.

183.
Compare laranjas com laranjas e bananas com bananas.

Compare fundos de investimento que tenham níveis de risco semelhantes, de uma mesma categoria. Fundos DI devem ser comparados com fundos DI; fundos de ações, com fundos de ações.

184.
Ao analisar fundos de investimento, verifique também a parte qualitativa.

A parte quantitativa da rentabilidade de um fundo é importante, mas não é suficiente. Depois de estudar os fundos e ordená-los por rentabilidade, analise qualitativamente a instituição e o próprio gestor.

185.
Para analisar uma instituição financeira, investigue seu passado.

Antes de optar por uma instituição para cuidar do seu dinheiro, cheque se é transparente, se esteve envolvida em escândalos (uma pesquisa em jornais ou na CVM é um bom caminho) e se o nível de atendimento ao cliente é satisfatório (pergunte a pessoas que tenham negócios na instituição).

186.
Antes de aplicar, procure conhecer o gestor do fundo de investimento.

Informe-se sobre o gestor do fundo de investimento no qual irá aplicar. Procure saber há quanto tempo ele trabalha na instituição, sua formação, idade, estilo de vida, histórico da carreira. Desconfie de um gestor que toda hora troca de instituição.

187.

Se o investimento é de curto prazo e você não gosta de correr riscos, aplique em algo conservador.

Se você é avesso a riscos, seja conservador nas suas aplicações de curto prazo, investindo, por exemplo, em fundos de curto prazo, em que a volatilidade tende a ser baixa, ou em títulos do Tesouro Nacional, como as LFTs (Letras Financeiras do Tesouro) por meio do Tesouro Direto.

188.
Retorno acima do CDI implica risco.

Cuidado com rentabilidades muito acima do CDI. Estatísticas mostram que são grandes as chances de o investidor que busca esse tipo de rendimento sair frustrado. Não existe mágica no mercado.

189.
A rentabilidade passada de um fundo não diz tudo sobre ele.

Cuidado! Se os resultados de um investimento parecem bons no presente ou foram bons no passado recente, isso não significa que tal aplicação continuará sendo boa. Procure dados que comprovem essa hipótese. Lembre-se de que você está aplicando para o futuro, e não para o passado.

190.
Ao comprar um seguro de vida, pense na sua família.

O valor de uma cobertura para morte e invalidez permanente deve levar em conta a manutenção do dia a dia da família durante algum tempo, até que seus integrantes possam se recuperar financeiramente da falta do provedor. Leve em consideração também as despesas com o funeral.

191.
Mantenha o foco.

Não atire para todos os lados. Tenha um foco para tudo na vida, inclusive para seus investimentos. Defina seus objetivos e persiga-os sem se dispersar. Distrair-se com observações infundadas ou abraçar várias atividades ao mesmo tempo pode prejudicar seu desempenho. E desempenho prejudicado não é bom para sua prosperidade.

192.
Não leve a vida olhando o retrovisor.

O passado deve servir apenas como aprendizado. Olhe o retrovisor, veja o que passou e mire o futuro. É para a frente que a vida anda. Pessoas de sucesso financeiro agem assim.

193.
"O sábio entende o valor da riqueza; o tolo entende somente o lucro."

Confúcio

Pense em dinheiro como algo bom e saiba desfrutar dessa benesse com sabedoria. Aquele que junta dinheiro sem objetivo, ou sem respeitar os outros, não obtém prosperidade.

194.
Não se deixe influenciar por palavras bonitas ou frases de impacto.

Muitas pessoas dizem frases de impacto e utilizam-se do "economês" para impressionar os outros. Cuidado com palavras bonitas e linguagem rebuscada. Se não ficou clara a explicação do seu gerente do banco, faça outra vez todas as perguntas que julgar necessárias.

195.

Sonhar com os olhos bem abertos é o primeiro passo no caminho do sucesso.

Não adianta sonhar e não se mexer. Procure adequar seus sonhos à realidade e use essa energia para aumentar seu patrimônio.

196.
Pergunte sempre "por quê?"

Para aumentar sua riqueza, não basta aceitar os fatos. Há de se compreender o por quê das coisas. Não se acanhe de perguntar ao seu gerente do banco "por quê?" todas as vezes que sentir necessidade. Agindo assim, você estará se informando melhor e poderá tomar decisões mais acertadas.

197.
Conhecer o inimigo é fundamental para vencer qualquer guerra, inclusive a guerra dos negócios.

Investigar e espionar de forma ética a concorrência não é crime, mas sim uma estratégia. Os empreendedores de sucesso são pessoas curiosas que gostam de conhecer tudo acerca dos seus negócios. Faça como eles: cultive esse hábito.

198.
Pessoas de sucesso, em geral, estão à frente de seu tempo.

Tente projetar sua vida daqui a dez anos. Faça cálculos e simulações, estruture um plano. Pense no que deve fazer agora para, daqui a uma década, atingir seu objetivo. Pessoas de sucesso geralmente são visionárias e pensam na mão inversa da maioria.

199.
Preste atenção às necessidades dos outros.

Prestar atenção às necessidades dos outros no dia a dia é um bom exercício para quem está procurando montar um negócio, mas ainda não sabe com o que trabalhar. Surgirão boas ideias, você vai ver.

200.
Criatividade é fundamental para quem quer fazer a diferença.

A rigidez impede a criatividade – uma grande vantagem competitiva para obter sucesso nos negócios. Procure fazer as coisas comuns do dia a dia sempre de formas diferentes. Desde o caminho de volta para casa até matricular-se em um curso ou simplesmente assistir uma boa peça ou a um bom filme. Mantenha a cabeça arejada.

201.
Não deixe para amanhã o que pode fazer hoje.

Pessoas de sucesso agem, não esperam acontecer. Ter iniciativa é fundamental na complexa caminhada rumo ao sucesso. Como dizia o cantor e compositor Geraldo Vandré: "quem sabe faz a hora, não espera acontecer".

202.
Quem não arrisca não petisca.

Não fique paralisado diante de decisões importantes; o risco faz parte da vida. Como disse Jerry Yang, criador do portal Yahoo, "o segredo (do sucesso) é estar preparado para arriscar sempre e, se necessário, começar tudo de novo".

203.

Os desvios podem ser fatais.

Para realizar um sonho, é preciso conhecer a diferença entre desejar e ter necessidade. Deixar-se seduzir facilmente por algo que cruza o seu caminho e o desvia dos seus objetivos é a receita para falhar nos negócios.

204.
Tenha objetivos bem definidos.

Estabeleça suas metas financeiras e pessoais com detalhes, incluindo o prazo para que aconteçam. O que exatamente você quer? Quando você pretende alcançar seu objetivo? Escreva num papel e guarde em lugar seguro. Recorra a essa lembrança quando surgirem dificuldades ou quando precisar de força para continuar.

205.
Saiba dizer "não".

Pessoas de sucesso sabem dizer mais "não" do que "sim" porque têm objetivos muito claros. Elas se orientam pelo mundo real e não pelo que gostariam que fosse.

206.

O fogo da paixão move montanhas.

Para ter sucesso é imprescindível entregar-se de corpo e alma ao que faz. Empreendedores bem-sucedidos costumam trabalhar cerca de 12 horas por dia. Eles não se sentem obrigados a isso, mas o fazem por gosto, por paixão.

207.
Não confunda referenciais de risco com variáveis limitadoras de perda.

Muitas vezes o gerente do banco fala em "VAR", "Duration", "Vol" e outros termos sofisticados, induzindo-nos a pensar que essas medidas de risco são limitadoras de perda. Isso não é verdade, pois essas medidas estatísticas são apenas indicadores de potencial esperado de perda. Mas o inesperado pode acontecer.

208.

Dedique-se a algo em que você acredita.

Só é capaz de convencer o outro quem domina o assunto e sabe apresentá-lo com clareza. Logo, para atrair vencedores para trabalhar com você e para ser um campeão de vendas, é preciso acreditar muito no que está oferecendo.

209.
Ouça mais, fale menos.

Para fechar um negócio, você deve conhecer muito bem o seu cliente. A boa comunicação implica também saber ouvir. É preciso estar presente de corpo e alma no diálogo, a fim de apreender tudo o que o outro tem a dizer.

210.
Não se deslumbre com o sucesso.

Lembre-se: o início da queda é o momento em que você acha que sabe tudo. Supere o clima de "já ganhou" e continue investindo no seu desenvolvimento profissional e pessoal.

211.
Saiba trabalhar em equipe.

Trabalhar em equipe significa compartilhar ideias e aperfeiçoá-las junto com os companheiros. Por isso, não se isole. Acredite que dois podem mais do que um.

212.
Divida os louros com as pessoas que contribuíram para o seu sucesso.

Agradecer e reconhecer a participação dos outros em tudo que você obtém é fundamental para ter sucesso. Agindo assim, você motivará essas pessoas a permanecerem ao seu lado.

213.
Saiba ouvir as críticas.

Elogios fazem muito bem ao ego, mas as críticas nos ajudam a melhorar e a progredir sempre. Esteja cercado de gente capaz de lhe dizer a verdade. Ouça o que dizem e tente aprender com isso.

214.
"O olho do dono engorda o gado."

Se você pensa em abrir um negócio, não delegue a responsabilidade da administração a outras pessoas. Você é o maior interessado no sucesso do novo empreendimento. Esteja sempre presente.

215.
A persistência é fundamental para a construção da sua riqueza.

Compreenda que uma resposta negativa nem sempre significa que as portas se fecharam para sempre. Transforme "não" em "ainda não" e siga em frente. Gente de sucesso não desiste com facilidade diante das dificuldades.

216.
Uma guerra é vencida após uma sucessão de pequenas batalhas.

Até alcançar seu objetivo final, você passará por vários pequenos testes. Por isso, vibre com as pequenas vitórias, porque elas o ajudam a atingir as grandes metas pessoais e financeiras.

217.

Certa vez, perguntaram a Elvis Presley qual era o segredo de seu sucesso e ele respondeu: "não tento imitar ninguém".

As pessoas muitas vezes se frustram porque pensam que ser elas mesmas não é suficiente. Em vez de serem felizes com o que possuem, tentam se igualar a alguém com mais poder e prestígio. Procure ser simplesmente você mesmo. Esse é o caminho do sucesso.

218.
Diversificação é coisa séria.

Não adianta simplesmente aplicar em vários bancos e achar que está diversificado. A boa técnica ensina que um trabalho bem-feito deve levar em conta a diversificação em três pontos: (i) mercados de atuação: renda fixa, ações, imóveis, participações em empresas; (ii) emissores: públicos, privados, setor econômico; (iii) gestores: captura de ideias e pontos de vista diferentes sobre os cenários.

219.
Analise seu desempenho diante de uma negociação.

A cada vitória, anote seus acertos e, a cada derrota, procure analisar onde errou e o que poderia ter feito melhor. Esse exercício o ajuda a transformar seus erros em lições que, mais adiante, podem ajudá-lo a alcançar seus objetivos.

220.
Acredite em si mesmo.

O caminho para desenvolver a autoconfiança e obter sucesso pessoal e financeiro é buscar se conhecer melhor a cada dia e, principalmente, a cada novo acerto. Você deve ser seu maior incentivador. Afinal, se não confiar no seu taco, quem o fará?

221.
Procure as respostas dentro de você.

Diante de uma situação adversa, pergunte a você mesmo o que pode fazer para contorná-la ou resolvê-la. Assuma o controle, não fique à mercê das variáveis externas. Assim agem as pessoas de sucesso.

222.
Monte uma rede de relacionamentos.

Para ser um vencedor, é importante ter uma boa rede de contatos. Por isso, invista nas relações com pessoas de diferentes áreas. Elas lhe trarão informações novas e inspiração.

223.
Saia da toca e olhe ao seu redor.

Gente de sucesso não vive olhando o próprio umbigo. Quem acredita que não precisa de ninguém, corre o sério risco de fracassar.

224.
Saiba vender.

Independentemente do trabalho que você executa, saber vender é muito importante. Mesmo que você não trabalhe na linha de frente com o cliente, deve saber se vender dentro da empresa, junto dos seus funcionários e até perante os acionistas.

225.
Na hora de negociar, mantenha as emoções sob controle.

Ao negociar, controle suas emoções de forma racional, entenda o que o seu interlocutor quer e o que pode oferecer com ganhos para ambas as partes.

226.
Procure motivar seus colaboradores. Gente motivada trabalha mais e é mais feliz.

Saiba motivar as pessoas para o cumprimento de seus objetivos. Procure ouvir o grupo, aproveite o que ele tem a dizer e tente não impor sua opinião. Um grupo motivado rema na mesma direção.

227.
Todo investimento tem risco. Trate de conhecê-lo antes de investir.

Não há investimento sem risco. Até as LTNs, de emissão do Tesouro Nacional, podem apresentar perdas para o investidor. Pode parecer difícil, mas não é impossível.

228.
Tenha bom astral.

Pensamentos positivos atraem coisas boas. O poder pessoal depende do estado mental. Se acreditar que é um vencedor, certamente será. Se visualizar vitórias, certamente as terá. Se pensar em fracasso, ele também virá. Por isso, afaste os pensamentos ruins e mentalize a riqueza.

229.
Busque empatia com o cliente.

Desenvolva a habilidade de ver a situação do ponto de vista do outro, com quem está negociando. Agindo assim, suas chances de obter sucesso aumentam.

230.

"Ganhar a vida não é mais suficiente. O trabalho tem de nos permitir viver a vida também."

Peter Drucker

Passamos a maior parte do dia trabalhando. Devemos nos dar a chance, portanto, de fazer algo que nos permita mais do que simplesmente pagar as contas. Devemos ter prazer e ainda ganhar o suficiente para fazermos coisas que nos deem alegria.

231.
Não tente ser quem você não é.

Se, para se sentir bem, você precisa se vestir como as pessoas que estão consigo, faça uma reflexão. Você vale pelo que é, e não pelo que parece ser. Não se afunde no cartão de crédito e no cheque especial tentando ser quem não é.

232.
Evite comprar só por diversão.

Muita gente gosta de ir ao shopping para passar o tempo. Acabam comprando por impulso, gastando dinheiro com coisas que acabam encalhadas no fundo do armário. Evite a compra inútil.

233.

Não empreste dinheiro ao se sentir desconfortável. Essa função cabe ao banco, não a você.

Se um amigo lhe pedir dinheiro emprestado, você não deve se sentir um vilão por não querer fazê-lo. Emprestar dinheiro é função dos bancos, e não de pessoas como você.

234.

Matricule seu filho em uma escola que esteja de acordo com seu padrão de vida.

Não matricule seu filho numa escola em que o padrão socioeconômico dos alunos seja muito superior ao seu. Ele passará a ter como referência os colegas que ganham mesada muito mais alta do que você pode dar. Além disso, os colegas vão pressioná-lo a comprar brinquedos e roupas além da sua realidade financeira. Isso não é salutar para o desenvolvimento do seu filho.

235.

Redija um testamento claro para que sua vontade seja obedecida após sua morte.

Se você quer que seus desejos sejam cumpridos após sua partida, procure um advogado e redija um testamento em cartório. Deixe bem clara a sua vontade. Isso vai evitar aborrecimentos para seus herdeiros.

236.

Investimento em ações: uma opção para a aposentadoria.

Investir em ações é uma opção a mais para complementar sua renda na aposentadoria. Você pode participar de um Clube de Investimento e fazer contribuições regulares de modo a acumular recursos, ou comprar os papéis diretamente numa corretora. Nesse caso, escolha ações de empresas com perspectivas de crescimento e pagamentos de bons dividendos.

237.
Viva uma vida de verdades.

Aquele que vive de acordo com suas posses, sem falsas aparências, tem mais energia e poder sobre si, o que facilita a construção e a multiplicação de sua riqueza.

238.
Volumes e prazos de aplicação são fatores determinantes para a rentabilidade de um CDB.

É comum os bancos diferenciarem a taxa paga por um CDB de acordo com o prazo e o volume aplicado pelo cliente. Além de cobrarem taxas mais altas de volumes maiores, alguns bancos aumentam a taxa a ser paga à medida que o cliente deixa seus recursos aplicados por mais tempo no banco.

239.
Se você pensa em montar uma empresa, considere fazer isso de forma sustentável.

Ações politicamente corretas não devem servir apenas como "fachada". Elas adicionam valor às empresas. E uma organização valorizada pelo mercado gera frutos para seus proprietários.

240.
Um planejamento tributário é sempre útil.

Fazer um planejamento tributário não é privilégio de milionários. Se você tem muitos imóveis alugados, por exemplo, deve consultar um contador especializado em tributos, a fim de minimizar o pagamento de impostos.

241.

O planejamento tributário e sucessório em conjunto preserva sua família.

Não espere os problemas surgirem para então resolvê-los. Desde jovem, planeje sua sucessão com todo o cuidado, fazendo um planejamento tributário e sucessório preventivo. Assim, você evitará sobrecarregar seus familiares com uma conta muito alta no advogado, por exemplo, e altos impostos a pagar.

242.
Bancos grandes costumam pagar uma taxa menor num CDB.

O retorno oferecido por um banco a um CDB depende das leis de oferta e demanda. Os bancos grandes costumam ser muito procurados pelos clientes. Tanta procura, torna o investimento em CDB nesses bancos menos rentável que num banco menor. É a lei da oferta e da procura.

243.

Amar é respeitar, mesmo após a partida do ser amado.

A prática do amor requer respeito pela vontade do outro, até mesmo após sua partida deste mundo. Portanto, faça valer a vontade da pessoa amada cumprindo o que está escrito em seu testamento, com relação aos seus bens. Não queira o que é dos outros. A energia de quem quer tirar o que é dos outros não é positiva e não o ajuda a prosperar.

244.

Você não precisa renunciar ao mundo exterior para se tornar uma pessoa digna e respeitável moralmente.

Algumas pessoas renunciam às riquezas materiais com base em crenças infundadas e preconceitos. No entanto, quando a riqueza é fruto do trabalho honesto, deve ser vista como uma bênção de Deus. Não tenha medo de desfrutar algo que Deus lhe concedeu.

245.
Derivativos podem servir como proteção.

Alguns fundos e clubes de investimento utilizam derivativos para fins de *hedge* (proteção). Nesses casos, o que parece ser um instrumento de alto risco, passa a ser utilizado com o objetivo de proteger a carteira contra grandes oscilações no mercado. Se seu gerente lhe ofereceu um fundo de investimento que tem derivativo, procure entender mais sobre isso antes de recusá-lo.

246.
Não espere a corda arrebentar para se mexer.

Se sua situação financeira está dando sinais de que vai ficar apertada, inicie imediatamente um planejamento financeiro e comece a cortar despesas. Tudo fica mais difícil depois que você entra no cheque especial e não consegue pagar a fatura integral do cartão de crédito.

247.
O sucesso de um casamento pode depender da sua saúde financeira.

Segundo o Professor inglês Andrew Oswald, fatores econômicos podem ser mais importantes para a sobrevivência de um casamento do que propriamente as razões do coração. Uma mudança na situação financeira do casal pode acarretar o sucesso ou a falência do casamento. Por isso, cuide das suas finanças e tenha sempre uma reserva para ultrapassar os períodos difíceis.

248.
Se você está em dúvida sobre que ação comprar, uma possibilidade é um ETF.

ETFs são cotas de fundos de ações que seguem um índice e são negociadas na Bolsa, da mesma forma que uma ação. O BOVA 11, por exemplo, segue o Ibovespa, o principal índice da Bolsa brasileira, formado por uma carteira teórica das ações mais líquidas do mercado. É uma maneira de obter diversificação com poucos recursos.

249.
Não seja o dono da verdade.

Saber ouvir é uma qualidade que deve ser cultivada por quem almeja o sucesso na vida pessoal, profissional e financeira. Se parece difícil, comece a treinar já. Afinal, ninguém é dono da verdade.

250.
O progresso material pode acompanhar o crescimento espiritual.

Não há nada de errado em buscar o progresso material ao mesmo tempo em que se dedica ao desenvolvimento espiritual. Ambos são importantes faces da vida e devem ser buscados. Não pense que um anula o outro.

251.
Valorize o que já possui.

Se você tem tudo o que quer, dê valor a isso. Poucas pessoas podem adquirir o que desejam. Não tenha vergonha da riqueza que possui. Você é rico graças às leis do universo. Agradeça essa dádiva.

252.
Você pode ser rico e feliz.

A verdadeira riqueza é ter uma vida tranquila, poder realizar seus sonhos e os das pessoas que ama, e ainda deixar sua vida financeira e pessoal organizada quando se for. Isso é possível. Acredite, planeje-se, busque ajuda. Assim, você será rico e feliz.

Pequeno glossário de termos e nomes de instituições financeiras:

ANBIMA – Associação Brasileira das Entidades dos Mercados Financeiro e de Capitais
ANCOR – Associação das Corretoras de Valores
APIMEC – Associação dos Profissionais de Investimento Mercado de Capitais
BM&F BOVESPA – Bolsa de Mercadorias e Futuros
CDB – Certificado de Depósito Interbancário
CVM – Comissão de Valores Mobiliários.
Debênture – Título de crédito de longo prazo emitido por uma Sociedade Anônima.
Dividendo – Valor pago aos acionistas provenientes do lucro líquido da empresa.
Hedge – Proteção.

PGBL – Plano Gerador de Benefício Livre
Swap – Operação envolvendo troca de indexador
SUSEP – Superintendência de Seguros Privados
VGBL – Vida Gerador de Benefício Livre

Referência bibliográfica

DALE, Iain (org.). *500 of the most witty, acerbic & erudite things ever said about Money*. Harriman House Publishing, 2007.

CAMPOS, Stela; GIARDINO, Andrea. O segredo da longevidade do último grande pensador. *Valor econômico*. São Paulo, 16-nov-2005.

GALLAGHER, Lilian. *Planeje seu futuro financeiro*. Rio de Janeiro: Campus, 2004.

KIYOSAKI, Robert. *Pai rico pai pobre*. Rio de Janeiro: Campus, 2000.

MACHADO, Marcilio R. Peter Drucker. Uma mente brilhante. *Valor Econômico*. São Paulo, 17-Nov-2005.

Este livro foi impresso pela
Prol Gráfica para a Rai Editora Ltda.